어니스트 박

시
집
2

첫·사·랑은
꽃잎을 스치는

봄·바·람처럼
살랑살랑 그렇게

첫사랑은 꽃잎을 스치는
봄바람처럼 살랑살랑 그렇게

초판인쇄	2025년 11월 18일
초판발행	2025년 11월 27일

지은이	박 일 윤
발행인	한 인 배
북디자인	박 성 혜
펴낸곳	도서출판 북포럼
주　　소	04559 서울시 중구 마른내로12길 7-4, 1002호
전　　화	010 6537 6869
팩　　스	02)2277 6869
E-mail	938437@naver.com
등　　록	725-09-02963
ISBN	979-11-989342-9-1　13800

정　　가	18,000원

• 이 책의 저작권은 책 저자에게 있으므로 무단 전재 및 복제를 금합니다.
• 파본은 구입하신 서점에서 교환하여 드립니다.

어니스트 박
시집 2

첫·사·랑은
꽃잎을 스치는
봄·바·람처럼
살랑살랑 그렇게

저자 **박 일 윤**

사진 **박 일 윤 · 이 순 희**

📖 **북포럼**

책 머리에

저 고개 너머에는

이 책은 사실 나의 졸저인
제1 시집과 합본으로 하려다,
사진과 함께하다 보니 분량이 너무
많은 것 같아서 주제별로 분권했다.

처음 시를 분류하면서
이념, 순수, 사랑, 해탈, 이별 등,
주제별로 꾸미려 했고
제1집이 주로 이념과 순수라면
제2집은 사랑, 해탈, 이별 등으로 꾸몄다.

제1집의 사진들은
되도록 시의 주제와
걸맞은 것을 고르려 했으나
제2집에서는
주제와 관련이 없더라도
그 간의 작품 중에
보여주고 싶은 것들을
골라보았다.

시의 대부분은
주로 감성이 충만했던
젊은 시절에 끄적거렸던 낙서들과
그 시절 스쳐 지나갔던
연인들과의 추억과 회상을
적었던 일기에서
발췌한 젊은 날의 초상이다.

사실 이제 와 생각해보면
나의 젊은 날은 무척이나 공허하고
스산했던 날들이 많았던 것 같다.

그것을 잊고 싶은 마음에
잠깐의 스쳐 지나갔던 인연들도
마음에 담아두고,
밤이면 일기장에 끄적여 보면서
상상의 나래를 저만치
펼쳐보았던 것 같다.

지금에야 얼룩진 노트를 펼쳐보면서
그 시절로 돌아가 보려 하지만
마음대로 되지 않는다.
마음도 몸을 따라 늙어 가나 보다.

아무튼 내 젊은 날을
두 시집으로 정리하면서
되씹어 보았지만
즐거움이나 아름다움의 마음보다는
왠지 공허한 생각이 더 많이 든다.

사랑, 정열, 낭만, 패기가 가득했던
시절을 반추하다 보면
가슴 한 켠이 뜨겁다가 시린 느낌도 들지만
앞으로는 다시 오지 않을 시절이
내게는 소중한 기억으로
계속 남기를 바랄 뿐이다.

차례

책머리에   저 고개 너머에는

■ 제1부   임의 봄은 향기가 있어, 나의 온몸을 적시고

- 12 메시지
- 14 나의 봄은 사랑의 봄
- 16 전화
- 18 그리움 1
- 20 그리움 2
- 22 그대를
- 24 그대의
- 26 밤 1
- 28 밤 2
- 30 밤 3
- 32 시작
- 34 그리운 것은
- 36 퇴근길

38	사랑 1
42	그대가
44	그대와
46	사람이 그리워
48	그리움 3
50	사랑 2
52	사랑 3
54	내가 1
56	내가 2
58	내 마음 1
60	내 마음 2
62	검은 밤
64	속삭임
66	바닷가에서
70	만남
76	밤 4
78	밤 5
80	밤 6
82	이루어질 수 없는 사랑

■ **제2부**　　　　　하얀 나비 한 마리 날아 나온다

86　　　솔바람 물결 소리
88　　　해우소 1
90　　　해우소 2
92　　　해우
94　　　근심 푸는 곳

■ 제3부　　　더 많이 사랑했다면
　　　　　　　　더 깊이 사랑했다면

98　　너 1
100　　이별에 부쳐
104　　이별의 찬가
108　　사랑에 타버린 가슴은
114　　사랑을 기리는 넋
120　　너 2
124　　당신이 떠나던 날
128　　너와 나 그리고 영상
136　　가을입니다
138　　잊을 수 없는 너
140　　잊고 사는 것
142　　설아
146　　벗에게
148　　기도
150　　푸대
154　　이별
156　　첫사랑

제1부
임의 봄은 향기가 있어
나의 온몸을 적시고

배롱꽃 연인
2015
어니스트 박

메시지

☒ (뚜)
1. 수신 메시지
2. 발신 메시지

2 (뚜)
비밀번호
 ＊
 ＊＊
 ＊＊＊
 ＊＊＊＊

♥♥♥ 사랑해
좋은 아침이야.
오늘 하루도
그대의 목소리와 함께
시작하고 싶어
사랑해 쪼오~ 옥
삐~ 삐~

억새밭
2020
어니스트 박

✉ (뚜)
1. 수신 메시지
2. 발신 메시지

1 (뚜)
비밀번호
✽
✽✽
✽✽✽
✽✽✽✽

나도 사랑해
♥♥♥
오늘 하루도
그대를 생각하며
즐겁게 보낼게

나의 봄은 사랑의 봄

나의 봄은
임의 향기로부터 온다.

임의 블라우스로부터
초록빛 자연을 보며
맑은 눈동자 속에서
아침 이슬을 보고
임의 미소 속에서
봄의 온유함을 느낀다.

아! 아!
임의 봄은
향기가 있어.
나의 온몸을 적시고

임의 봄은
미소가 있어.
하루를 즐겁게 하고

임의 봄은
사랑이 있어.
마음을 싱그럽게 한다.

광주시립미술관
2020
어니스트 박

전화

그녀에게서
전화가 왔다.
차 한 잔 사주세요.

우리는 교외의
오솔길을 걷다가
마을 한 편의
아담한 카페에
들어갔다.

잠시
침묵이 흘렀고
그녀의
입술이 움직였다.

애인 있으세요
없으면
제가 해드릴게요.

나는
말없이
그녀를 바라보았다.

카페J
2016
어니스트 박

그리움 1

그리움을
말로
다 표현했다면
이미 나는
베스트셀러
작가가 되었을 거야

바람도 자고
새들도 자고
고요한데
나는 그대
그리움에
잠 못 이루는데

내 임은
무얼 하고
계실까?

부곡의 밤
2019
어니스트 박

그리움 2

그대
그리움
별에게
이야기했지

별이
내 품에
그대를
가져다
주었지

고베 모자이크
2012
어니스트 박

그대를

내가
그대를
사랑하는
이유는
그대를
잊지 못하기
때문입니다.

내가
그대를
잊지 못하는
것은
그대의
사랑이
너무 크기
때문입니다.

첫·사·랑은 꽃잎을 스치는 봄·바·람처럼 살랑살랑 그렇게

구봉도
2013
써니 리

그대의

나는
그대의
사랑이
끝나는 날을
안다오.

그때는
저 하늘에
태양이
사라지고
없겠지

그래도
당신은
내 사랑
영원한
내 사랑

첫·사·랑은 꽃잎을 스치는 봄·바·람처럼 살랑살랑 그렇게

고베항
2012
어니스트 박

밤 1

밤이 되면
창을 열고
하늘을 봐

나와 너의
별이
짝지어
놀고 있을 거야

오늘 밤도
너의 마음속에
있을게

포항제철(수채화기법)
2015
어니스트 박

밤 2

어젯밤은
그대와 함께할 수
있어서
너무 좋았어.

매일 밤
그대 속에서
그대를
지킬게

좋은 밤이
되도록
너의 가슴 속에서
밤을
지샐게

아침고요수목원
2022
써니 리

밤 3

수많은
별들이
빛나는
밤이다.

시골집
마당에
모깃불
피워놓고
도란거리기는
정말
오랜만이다.

그대
그리운 밤
별이 되어
오늘 밤
너의
창가를 지킬게.

시작

아침부터
사랑의
바람은
불어오고

나는
임의 향기로
하루를
시작한다.

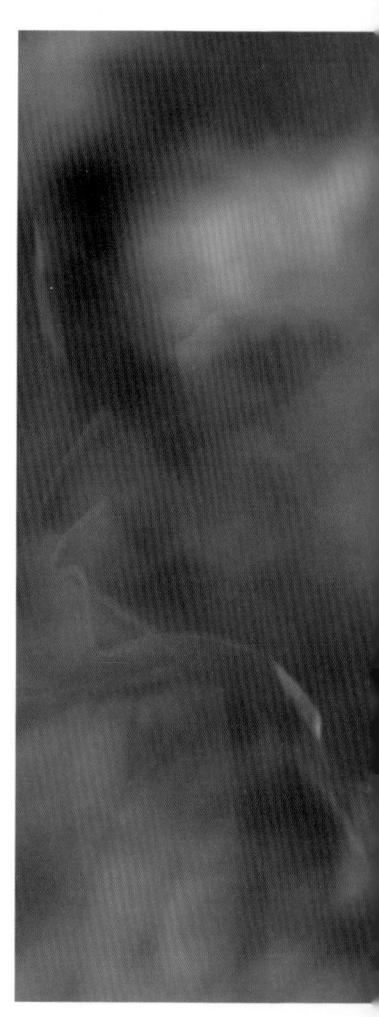

왕송 연꽃
2020
써니 리

그리운 것은

그리운 것은

그대의
우윳빛
살결과

허스키한
목소리

그리고
차분한
미소

마지막으로

그대의
따뜻한
마음입니다.

퇴근길

너의
잠긴 목소리를
들으며
나는 괴로웠다

목이 너무 부어
들리지도 않는 목소리로
신음하듯 내뱉는 소리는
나의 가슴을
아프게 했다

그런 너의
곁에 있어 주지도
못하는
나의 처지는
너무나
안타까웠다.

삼단 폭포
2020
어니스트 박

사랑 1

이 넓은 세상 위에
그 길고 긴 시간 속에
그 수많은 사람 중에
그 댈 만난걸
감사해요
사랑해요

보여줄 수 있는
사랑은 아주
작습니다

그 뒤에 숨어있는
보이지 않는
위대함에
견주어 보면

우리 짧은 시간이지만
너무 많은 추억이
있는 것 같아요

동박새
2021
써니 리

지금도 함께
하얀 백사장에
있는 것처럼

당신의
부드러운
목소리가
귓가를 맴도는 듯
합니다.

당신이 미친 듯
그리워지고 보고 싶어요.

싸이판
2012
어니스트 박

그대가

그대가
그리운 것은
그대의 미모
때문이 아니라
그대의 마음
때문입니다.

그대가
보고 싶은 것은
그대의 육체가
아니라
그대의 그윽한 향기
때문입니다.

제주 동백
2020
아티스트 박

그대와

그대와
푸른 숲속을
걷고 싶다

그대와
푸른 호수 위를
노 젓고 싶다

그대와
푸른 하늘을
떠다니고 싶다

사람이 그리워

파도가
달려와서
재잘대고

갈매기
허공에서
재주넘지만

그래도
그리운 건
사람이다

그리움 3

밤이 깊을수록
그대를 향한
그리움도
깊어만 가고
마음이 잦아들수록
그대를 향한
그리움도
깊어져 간다.

별은 달님하고
이야기하고
달은 별님하고
이야기하는데

나는
솔솔 부는
바람하고
이야기할까?

사랑 2

내가 당신을
사랑하는 이유는
내게서
조금
떨어져 있기
때문입니다

내가 당신을
그리워하는 이유는
가까이에서
나를
지켜보고 있기
때문입니다

사랑 3

내가
즐거운 것은
내가
당신을
사랑하기
때문입니다

내가
행복한 것은
그대가
나를
사랑하기
때문입니다

내가 1

내가
바닷가에서
푸른 파도를
바라보고 있을 때
그대
내 곁에 있었고

내가
숲속에서
파랑새를
바라보고 있을 때
그대
내 곁에 있었고

내가
들판에서
야생화를
바라보고 있을 때
그대
내 곁에 있었다.

내가 2

내가
음악을
듣고서
즐거울 수 있는 것은
내 마음속에
그대가 있기 때문입니다.

내가
시를
읽고서
감동하는 것은
내 마음속에
사랑이 있기 때문입니다.

내 마음 1

별은 내게
오라 손짓하고
바람은 내게
있으라 속삭인다.

하지만
내 마음은
그대 곁에
있어

별의 손짓도
바람의 속삭임도
흘려보낸다.

내 마음 2

저녁노을 진 하늘은
한 폭의 수채화 같고
서산에 지는 해는
임 그리는
내 마음같이
미련이 있는 듯
머뭇거린다.

밤이 긴 것은
그대를 향한
나의 그리움을
시기해서이고

그대가
멀리 떨어져
있는 것은
그대를 향한
나의 사랑을
시험하기 위해서인가 봐

검은 밤

검은 밤
조각달과
별 무리
짝지어 노니는데

나는
혼자
그대 그리움에
젖어있다

주거니
받거니
즐거운
술자리에서 빠져나와

나는
그대와 작은 속삭임으로
대화를 나눈다.

속삭임

나를 사랑한다고
별에게
속삭여 봐
별님이
네 뺨에
뽀뽀해
줄 거야

나는
오늘 밤
별이 되어
너의
창문을
지킬게

첫·사·랑은 꽃잎을 스치는 봄·바·람처럼 살랑살랑 그렇게

불놀이야
2015
써니 리

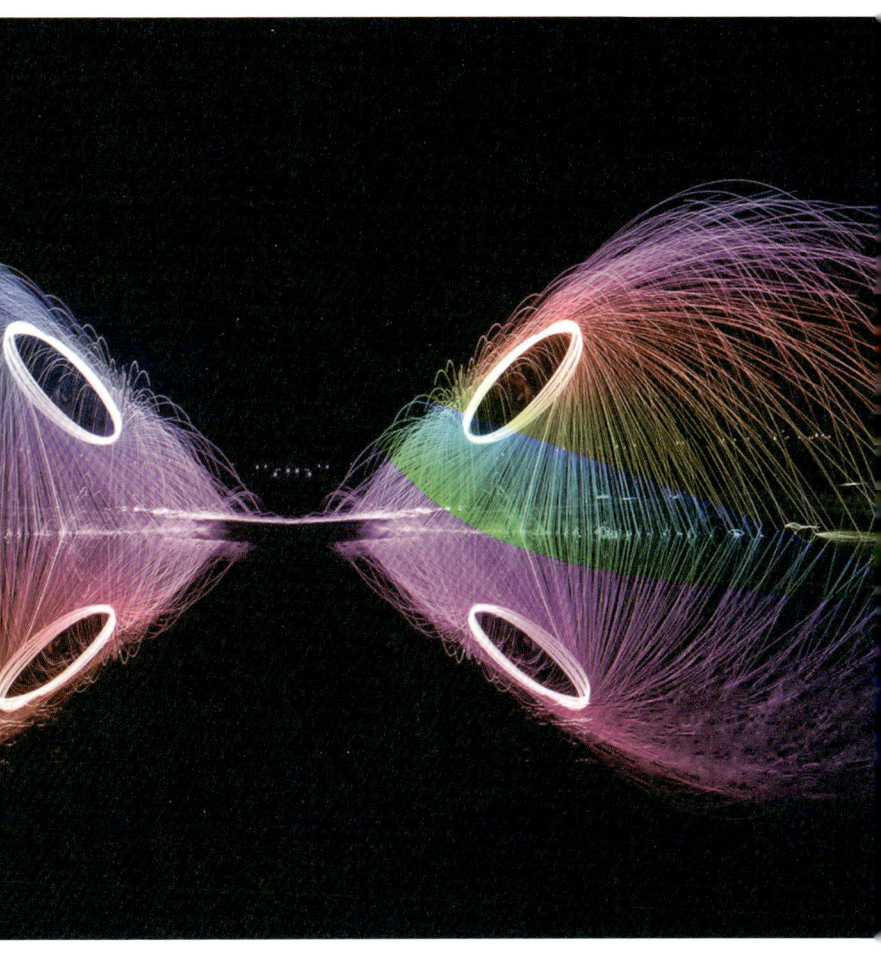

바닷가에서

바다가 보고 싶다고 했다.
백사장이 있는
파도가 있는
갈매기가 나는
진짜 바다가

동해를 향했다.
그녀는 너무
좋아서 어쩔 줄 몰랐다.

하마터면
그녀가 바다로 그냥
달려 들어가는 줄 알았다.

우리는
시간 가는 줄
모르고 바닷가를
걸었다.

이쪽 끝에서
저쪽 끝까지
몇 번인가?
셀 수 없이 걸었다.

손을 꼭 잡고

만남

어느 봄날 오후
우리는 만났다
호프집에서의
대화는
우리 모두를
즐거움에
빠져들게 했지!

그래서
우리는
그 기분을 연장하고 싶어
노래방에 가서
사랑의 노래를
부르고
너와 아름다운
춤을 추었다.

후라노 비에이
2023
써니 리

바다가 보고 싶다고 해서
우린 근처 포구로 향했고
그곳에서 우리는

바닷바람을 느끼며
거닐었었지
그날따라
왜 그리 날씨가
쌀쌀했을까?

우리는 따뜻한 곳이
필요했고
그래서 우린
둘만이 있을 수
있는 곳을 찾았지

그날 우리는 취했다
너는 나의 속삭임에
나는 너의 향기에

우리는
한참을
바라보다
너는 내가 되고
나는 네가 되었다.
그저
말없이.

밤 4

밤이
아름다운 것은
저 하늘 별들이
그대를 위해
빛나고 있기
때문이지

밤이
포근한 것은
저 하늘에
둥근달이
그대 모습
같기 때문이지

중앙대
2019
어니스트 박

밤 5

밤은
그저
고요히 있지만
별들은
나에게
자꾸만
얘기한다
외롭지 않냐고

하지만
나는
조금도
외롭지 않다

나를
항상
그리고 있는
그대가
있으니

밤 6

밤이
깊어져 갈수록
그대 향한
그리움도
깊. 어. 가. 고.

정이
깊어져 갈수록
외로움도
깊. 어. 간. 다.

몽골 태를지
2024
어니스트 박

이루어질 수 없는 사랑

나는 너를 보지 못했다
어디서 오는지
어디로 가는지
오는 곳도 가는 곳도
알지 못한다.

네가 오기도 전에 나는 떠나고
내가 떠나면 너는 그제야 온다

마음에 성을 쌓다가 부서지고
또 쌓고
만약 너를 만난다면
나 그대 가슴에 품고
끝없이 취하리.

빠알간 그대 입술은
바라만 봐도
가슴에 사무쳐
영원히 잊지 않으리

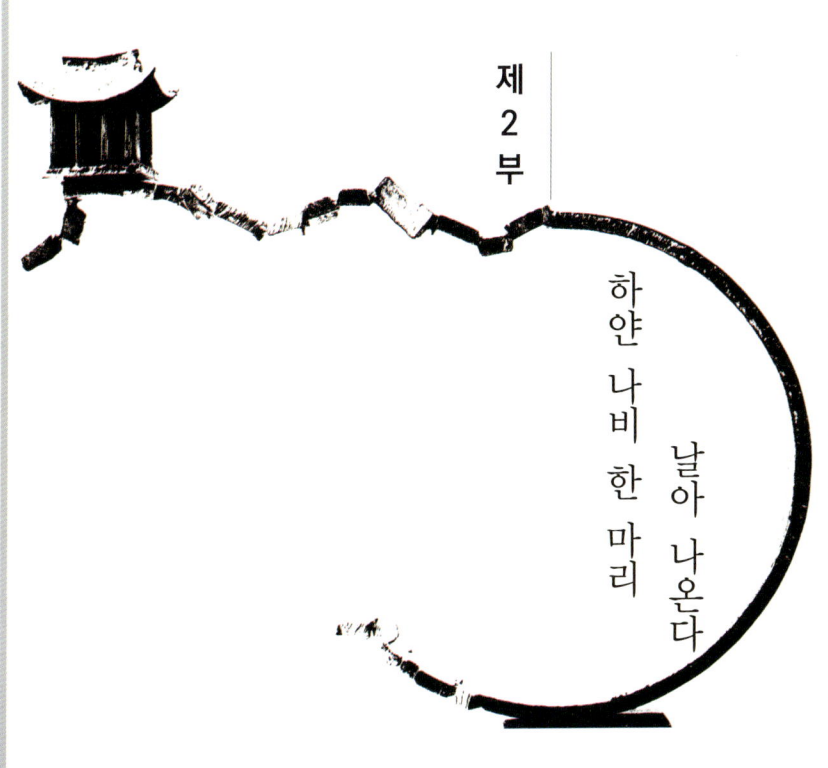

제 2 부

하얀 나비 한 마리 날아 나온다

용화사
2015
어니스트 박

솔바람 물결 소리

아름드리 고목에
둘러싸인 산사는
저녁노을에 붉게 타고
솔바람 타고 흐르는
목탁 소리는
다비 위를 싸고도는
흰 연기를 참지 못하듯
구슬프게 울려 퍼진다.

목탁 소리 시주 되어
극락 왕생하소서

이승의 번뇌
흰 연기 되어 사라지고
속세의 시신
아름다운 연꽃 되어
내생에 피우소서.

가슴에 망울진 고통은
염주 알 되어 알알이 맺히고
청솔에 맺은 인연
무지갯빛 되어
사리로 빛나소서

불경
2024
어니스트 박

해우소 1

어기적어기적
꿀돼지 한 마리
걸어 들어
가더니

바람이 한차례
휘돌고
풍경 소리
몇 소절
울리더니

잠시 후
하얀 나비
한 마리
날아 나온다

부탄 탁상사원
2024
어니스트 박

해우소 2

노스님
배에
손 얹으시고
어슬렁어슬렁
들어가시더니
기침 소리
몇 번 들리고
한차례 삐걱 소리
나더니
걸어 나오시는
스님의
발걸음이
가벼워
보이시네.

해우

뱃속에
들어간 것은
수만 가지
사물들인데
나오는 것은
오직
노란색의 액체와 덩어리
그리고
고약한 냄새

모든
번뇌와 고통이
이렇게
변했나 보다.

부탄
2024
어니스트 박

근심 푸는 곳

노스님
바삐 걸어
들어가시더니

잠시
침묵이 흐르고
간간이 산 새소리
멀리 목탁 소리
풍경이 노는 소리
그리고
노스님 큰기침 소리

잠시 후
삐그덕
문소리 들리며

노스님
얼굴엔
부처의
미소가

화엄사 홍매화
2021
어니스트 박

무희
2014
써니 리

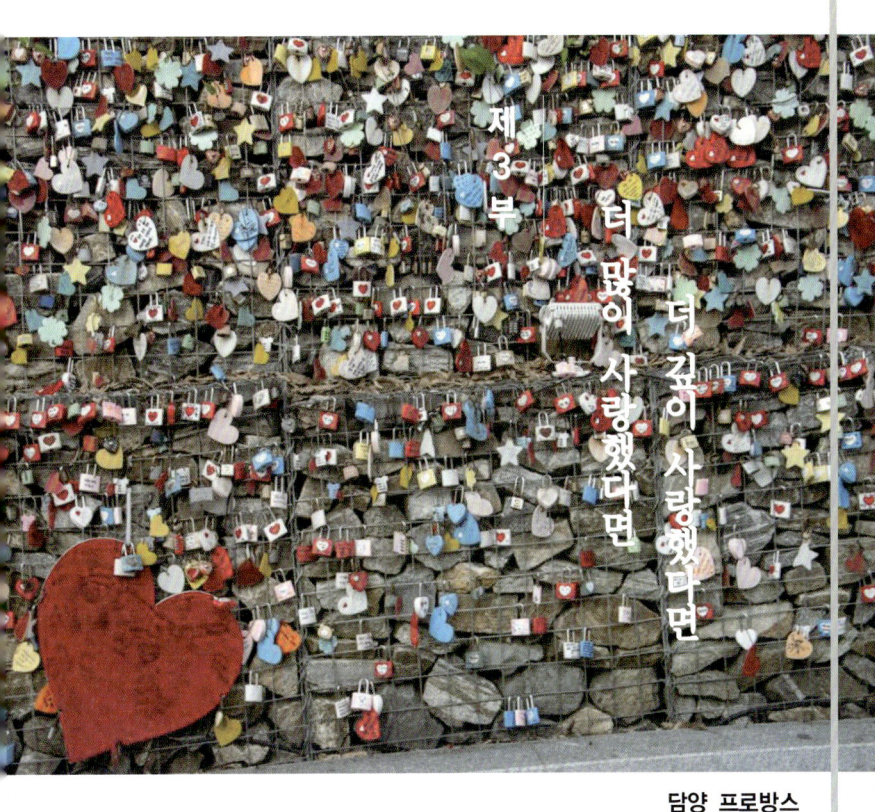

제 3부
더 많이 사랑했다면
더 깊이 사랑했다면

담양 프로방스
2022
어니스트 박

너 1

눈이 내리던
그 숲속에
파란 하늘 아래
사슴처럼 뛰어놀던 너

은빛 같은
눈보라 속
긴 머리를 날리며
되돌아선
너의 옛 모습
미소지며
속삭인 너

저 멀리 떠난 뒤
괴로운 추억 속에
슬픔을 태워버린
숱한 나날들

오늘도 너의 생각
아련한 속삭임을
영원히 잊지 못하리

후라노 비에이
2023
써니 리

이별에 부쳐

나 너에게 진심으로 이르노니
나를 사랑해서는 안 된다.
아니 나를 사랑하지 말아라
그러면 너는 내게 묻겠지
나의 너에 관한 관심이 진실이었는지
아니라고 말하고 싶지는 않다.
하지만 나는 너를 사랑할 수 없다.
어쩌면 이게
나의 마지막 진실인지도 모른다.
나는 네게서 산호초와 같은 푸르름을
아카시아 향기 같은 포근함을 느꼈다.

산을 누군가 정복했다고 해도
그 산은 거기
그대로 남아 있다는 것을 알았다.
나는 나의 성,
지친 황톳길에
이대로 머무는 게 좋을 것 같다.

나의 거칢이
너의 비단결을 상하게 하고
나의 치부가
너의 밝음을 거두게 할 거다.

비록
나 너를 멀리하지만
너의 나에 대한 모든 것
기억하리라.

이별의 찬가

그대 입김 속에
나의 생명 속에
눈 녹는 소리 속에
그대의 발자국 속에
보리피리 선율 속에
그대 고운 노래 속에

당신 마음에 가득
진달래꽃 속에 가득
벚꽃처럼 활짝
그대 얼굴 활짝
모란이 필 때까지
그대 편지 올 때까지

장미꽃 향기처럼
밀려오는 파도처럼
시원한 매미처럼
싱그런 수박처럼
빨간 잠자리처럼

푸른 하늘처럼
코스모스 꽃잎처럼
집시 같은 기러기처럼
불어오는 바람처럼
떨어지는 낙엽처럼

눈 내리는 창가에서
기다리는 나의 마음

소양강댐
2014
어니스트 박

사랑에 타버린 가슴은
재가 되어 공허하고
그 열기 뜨거운 눈물되어
두 눈에 흐른다

누가 나의 가슴을 알아주리오
누가 나의 슬픔을 알아주리오

우리의 사랑이
너무 얇아 이렇게 말라버릴까?
우리의 사랑이
너무 차가워서 이렇게 식어버릴까?

사랑의 괴로움이
이별의 슬픔이
이렇게 클 줄 알았다면
차라리 주지 말 것을
차라리 받지 말 것을

더 많이 사랑했다면
더 깊이 사랑했다면

사랑하던 이를
미워하진 않았을 것을

두 가슴이 만나 깨어져서
하나가 되고
그 하나가 된 두 가슴이
다시 깨어져
두 가슴이 되니
그제야 사랑을 확인했었네

그저 사랑인 줄 모르고
어둠에 묻혀
숨소리에 묻혀
가슴에 묻혀
그 뜨거운 불꽃 태울 것을

담양 쌍교에서
2019
어니스트 박

이제야 사랑인 줄 알았네
내 사랑 떠나고서야!
가슴이 비어 있는 줄
손이 차가운 줄 느꼈네

나의 전부였던 사랑을 보내 버렸네
나의 사랑이 깊지 못해
나의 진실이 깊지 못해
나의 믿음이 깊지 못해

그저 두 뺨에 흐르는 눈물을
참지 못하듯
나의 가슴을
나의 영혼을
나의 사랑을 잡지 못했네

나는 믿는다
너와의 사랑 끝나지 않았다는 것을

우리의 연이 닿지 못한
세상에서 만나
썩은 밧줄을 서로 붙잡아
멀어지지만
우리는 다시 사랑하리라

자작나무
2018
써니 리

사랑을 기리는 넋

아아!
임만이 그리운 것이 아니다.
임의 체온, 향기, 체취
그리고 있음.

아아!
그리운 것은 임만이 아니다.
임의 사랑 미소
그리고 따사로움.

나의 임은 나에게 사랑만을
주는 게 아니다.
나의 임은 나의 사랑을
곱게 받아들인다.

아아!
나의 임 나의 사랑

임의 사랑 깊어
나의 마음속 빈터 메꾸고

목포 해양축제
2014
어니스트 박

임의 우정 깊어
나의 믿음 흔들리지 않는다.

아아!
나의 사랑,
나의 영혼,
나의 넋이여.

나 그대에게
나의 마음을 아니면 몸을
그렇지 않으면
나의 전부를 바치오리까?

내 바라는 것은 단지 그대의 미소
내 바라는 것은 단지 그대의 있음
내 바라는 것은 단지 그대의 마음
내 바라는 것은 단지 그대의 체취

아니요.
내 바라는 것은 단지 그대의 전부 오이다.

아아!
그대는 지금 내 곁에 없고
나의 마음은
그대 곁에 가 있으니
외로운 건 나의 육신
허전한 건 나의 영혼

그대여!
비단 버선 신고 나의 곁에 날아오오.

아아!
그리운 임.

목포 해양축제
2014
어니스트 박

너 2

잊을 수 없는 너
오늘도 책장을 넘기며 너를 생각한다.
지금은 어디 있을까?
산새들 노래하고
맑은 물 졸졸 흐르며
고요한 메아리가
울려 퍼지는
파란 숲속 양지바른 잔디 위에
통나무집을 짓고
새들과 노래하고
동물들과 춤을 추며
새끼 사슴에게
아름다운 옛날이야기를 속삭이고 있겠지!
내가 그리워하던
바로 그런 곳에
평안하게 살고 있길 빈다.101

지금도 너의 영상이 잊히지 않고
더 생생히 어른거린다.
향수 내음이 풍기는 연분홍 얼굴
미간 양 곁에 수정알을 담은
맑은 두 눈
붉다 못해 새빨간 입술
수줍음을 감추지 못하고 내민 치아가
내 눈을 부시게 한다.
입술 양쪽에 슬며시 생기는 보조개
그 모든 것이 그립기만 하다.
오늘도 참다못해 글을 쓴다.

빅토리아 연
2014
써니 리

당신이 떠나던 날

당신이 떠나던 날,
비가 내렸습니다.
아주 많이 구슬진 소리로
당신이 가시는 길 고이 적셔,
가더라도 잊지 말라고
임 그리며 잊지 못할 나의 마음을

당신이 떠나던 날,
바람이 불었습니다.
아주 포근하게
당신이 가시는 길 고이 쓸어,
가더라도 잊지 말라고
은하수 아래서의 속삭임을

당신이 떠나던 날,
잎은 졌습니다.
아무 소리 없이
당신이 가시는 길 고이 덮어,
가더라도 잊지 말라고
우리의 사랑이 영원하기를

당신이 떠나던 날,
눈이 내렸습니다.
소복소복 아주 하얗게
당신이 가시는 길 고이 덮어,
가더라도 잊지 말라고
나와 너의 사랑이 끝나지 않았음을.

너와 나 그리고 영상

I

푸르름 속에서 피어난
꽃향기를 맡으며
이파리에 망울진
수정 방울을 마시며
넓은 들판을
사슴처럼 뛰어놀던 너

오늘도 너의 생각
고독을 태우는 밤
새벽이 와도
꺼지지 않네

II

파도 소리 철썩이는 바닷가
조각달이 속삭이고
별들이 깜빡이는 밤
새하얀 모래밭에서
말없이 바라보다.
이슬을 머금은 채 고개 숙인 너

오늘도 그날처럼
달님도 별님도 떠 있는 밤
그러나 너의 자취
찾을 길 없네

섭지코지
2014
써니 리

III

조용한 찻집에서
다정하게 속삭이고
공원길 벤치에서
개구쟁이처럼
어리광을 부리며
가만히 기대어 오던 너

그러나 오늘은
쓸쓸한 찻집
공허한 공원
가슴만 타네

카페 **크라비앙코**
2016
어니스트 박

Ⅳ

찻잔 속엔 너의 얼굴
술잔 속엔 너의 체취
가슴 속엔 너의 마음
꺼져가는 불빛처럼
희미한 미소를 머금은 채
말없이 사라진 너

우리 같이 왔던 곳
나는 이렇게 서 있는데
너는 어디로 떠났나?
잊을 수 없네

영락공원
2018
아니스트 박

가을입니다

가을입니다.
낙엽 진 가지에 찬 바람이 스칩니다.
지난가을이 생각납니다.
당신과 걷던 가을 바닷가
노송이 감싸고 있었습니다.

가을입니다.
찬바람이 낙엽을 쓸어 갑니다.
가을도 함께 갑니다.
당신과 걷던 오솔길
낙엽만 가득 쌓였습니다.

가을입니다.
내 마음 자꾸만 초라해집니다.
발걸음도 머뭇거립니다.
당신과 맺은 사연을
어떻게 잊고 삽니까.

보발재
2020
써니 리

잊을 수 없는 너

오늘도 책장을 넘기며 너를 생각한다.
지금은 어디 있을까?
산새들 노래하고 맑은 물 졸졸 흐르며
고요한 메아리가 울려 퍼지는
파란 숲속 양지바른 잔디 위에
통나무집을 짓고 새들과 노래하고
동물들과 춤을 추며 애기사슴에게
아름다운 옛날이야기를 속삭이고 있겠지.
내가 그리워하던 바로 그런 곳에
평안하게 살고 있길 빈다.
지금도 너의 영상이 잊히지 않고
더 생생히 어른거린다.
향수 내음이 풍기는 연분홍 얼굴
미간 양 곁의 수정알을 담은 맑은 두 눈
붉다 못해 새빨간 입술
수줍음을 감추지 못하고 내민 치아가
내 눈을 부시게 한다.
입술 양편에 슬며시 생기는 보조개
그 모든 것이 그립기만 하다.

잊고 사는 것

휘영청 달 밝아
뜨락에 나섰더니
귀뚜리 홀로 울고
삼라만상 잠들었고 야

고개 들어 하늘 보니
별들은 짝지어 노니는데
어이타 고운 밤을
홀로 보내니
마음은 공허하나!
채워 줄이 없고

아서라
마음 연다고.
어느 임이 찾아 들꼬
장독대 의지하여
콧노래 부르니
시름도 저만큼

귀똘아 울어라
날이 새도록.

내 네가 있어
이 긴 밤 지새우노라.

설아

아! 설아
너의 희디흰 상앗빛 눈망울이
나의 육신을 덮고,
너의 그 푸른 산호초에 박혀 있는
작은 진주 알과도 같은 도톰한 입술이
나의 호흡을 멈추게 하고,
너의 싱그러움이 감도는
청순한 가슴이
나의 체온마저 앗아가 버리면
나는 더는 주체하지 못하고
너의 뜨거움에 녹아내린다.

아! 설아
네가 바람에 날려 나의 옷깃을
스치기라도 한다면
나의 가슴에 너의 온기가 서리고,
너의 자애로움이
나의 육신을 녹아내리면
나는 그만 참지 못해
신음을 내고 만다.

모나리자
2023
어니스트 박

아! 설아
네가 나의 촉촉한 눈까풀을
가볍게 토닥거려 주면
나의 가슴은
또다시 기쁨에 사그라지고,
마침내 나의 혼마저
너의 자취 속으로 스며들어
나는 소리 죽여 눈물 낸다.

아! 설아
네가 나를 잊은 채하고
끝내 떠나버리기라도 한다면
나의 가슴은 광활한 대지처럼
헐벗고 목말라 꺼져 가리라.

아! 설아
너는 나의 빛, 나의 희망,
꺼지지 않는 나의 혼.
너의 온기로 나의 가슴을 데우며,
너의 눈망울로 나의 희망을 지키고,
너의 가슴으로 나의 혼을 태우리라.

벗에게

그래,
우린 서로 눈짓만 한번 나누고
말없이 헤어졌지.
뜨거운 포옹으로 볼에 주름을 잡고
야단스럽게 웃어대며 헤어지는 건
다음의 만남을 바라지 않기 때문이겠지.

하루의 학교생활을 마치고
잠자리에 들기 위해 헤어지듯
눈 속에 영상을 간직하고,
악수도 없이 가벼운 미소로 헤어질 때.
그건,
다음의 만남이
어색하지 않게 하기 위함이지.

책장을 넘기면
바닷바람이 들리고
연습장을 펼치면
시원한 풍경이 어른거린다.

기도

주님의
은총으로
거룩한
날이
되기를

슬플 때나!
기쁠 때나!

항상
주님이
지켜주도록
기도할게.

우리 모두
가득한
주님의 사랑을
바라며.

푸대

너를 생각하면
떠오르는 것은
그 넉넉함이다.

퍼주면 퍼주는 대로
담아낼 수 있고
퍼줄 때는 끝없이
퍼내 주던 너

한참 피 끓는 나이에
가버린 너

하늘은 착한 자를
먼저 부른다는
모순된 진리를
믿을 수밖에 없이 한 너

대학 시절
등산 갔다 오던 날
기찻삯이 모자라
무임승차를 했다가
들켜서 쫓기다
무거운 배낭 때문에
뒤처진 나를 부축하고
웃으면서 함께 뛰던 너

지금도 가끔 너의 죽음을
잊고 전화 다이얼을
돌리다 수화기를
가만히 놓는다.

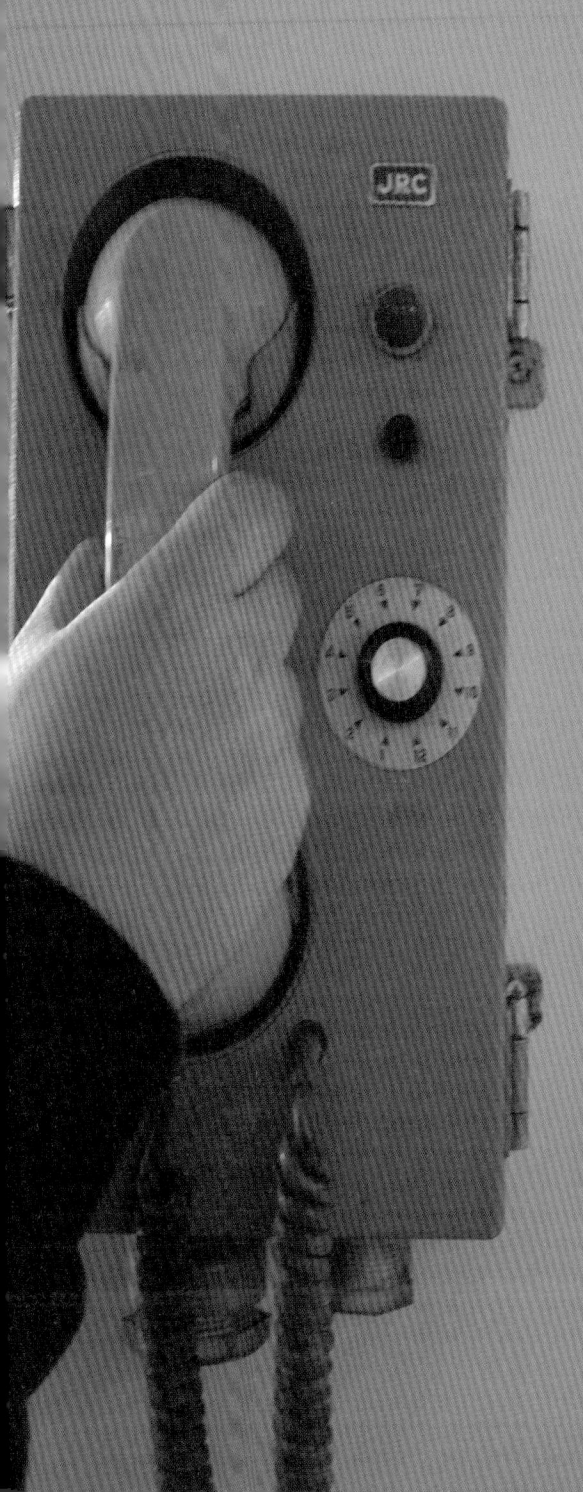

부산 영도
2022
어니스트 박

이별

그대
이별을 준비하거든,
미소를
살짝 감추어다오

눈이 젖은 건
이별이
슬퍼서가
아니라

혼자만의
고독이
두렵기
때문이라오

첫사랑

첫사랑은 꽃잎을
스치는 봄바람 처럼
슬며시 살랑살랑
내게 다가왔다.

고교 시절
새하얀 얼굴의 그녀는
나에게 경외심과 신비함을 줬다.

도서관에서 성당에서 서점에서
그리고 그녀의 학교 근처 빵집은
우리의 작은 원두막이었고
삼학도와 뒷개
그리고 유달산은
우리의 소망과 사랑을 키우던
놀이터였다.

하지만 우리가 무슨
잘못을 했을까?

사랑의 무희
2014
어니스트 박

우리는 왜 영원한 사랑을
이루지 못했나?

누가 우리를 시기해
이런 일이 일어났을까?

문득 연락이 끊겼다가
갑자기 들려온 소식
그대는 무엇이 그리 급했을까?
하늘은 그대가
그렇게 빨리 필요했을까?

그녀의 다락방 한 켠의
앉은뱅이책상 위에
하얀 엽서에 또박또박 쓰여있는 글귀
- 이제 약속은 지킬 수 없게 되었어요.
　저를 기다리지 마세요. -

그렇게 그녀는 갔다.
소리 없이
하얀 미소만 남긴 채
이제는 돌아올 수 없는
여행을 떠나 버렸다.

커피 내음 속의 가을에
예쁜 이야기를 엮어 보자던
모래밭에서의 속삭임은
별빛이 가득한 밤하늘에 흩어져 버리고
소라 껍데기의 여운만을 남긴 채
멀리 사라져 버리고
난 혼자서 슬픈 눈물의 잔을 마시고 있다.

어다랑
2025
써니 리